Ingrid Ursula Stockmann

Puppe Elke Doll

Ein Pechvogel bringt Glück

Illustrationen: Ingrid Ursula Stockmann

Ingrid Ursula Stockmann
- Puppe Elke Doll -

1. Auflage (29. Mai 2020)
ISBN 978-3-96692-014-8

Verlag & Gestaltung:
Stockwärter Verlag, Halle (Saale), Bernd Stockmann
Druck & Herstellung:
BoD - Books on Demand GmbH, Norderstedt

Vorwort

Was hinter der Geschichte steckt

Die Kinderärztin Dr. Ingela Astmann spricht mit der Tochter ihrer Nachbarin über die Geschichte „Puppe Elke Doll". Marie geht schon in die dritte Klasse. Sie will wissen, warum Tante Ingela eine behinderte Freundin hat. Und warum sie so lieb zu allen Behinderten ist.

„Da muss ich dir von einem Erlebnis aus meinem Leben erzählen, damit du das verstehst", erklärt die Ärztin. „Meine Tante hat drei Kinder. Alle waren sehr klug. Sie sind jetzt längst erwachsen. Nur das eine Mädchen hatte ein schweres Schicksal. Im vierten Lebensjahr stürzte es aus dem Fenster. Dem Kind passierte körperlich nichts Schlimmes, aber es hörte auf zu sprechen und verhielt sich nicht mehr 'normal'. Der Nervenarzt bescheinigte ihm, dass es nicht fähig sei, in einer Schule zu lernen. Demzufolge müsste die Kleine in einem Kinderheim erzogen werden. Meine Tante war entsetzt, dass es für behinderte Kinder, die nicht eingeschult werden können, keine Tagesstätten gab. Das war so in der ehemaligen DDR. Gegen ärztlichen Rat und die Aufforderung durch eine Beratungsstelle behielt sie ihre Tochter zu Hause und brachte ihr selbst einige Kenntnisse bei. Ich hatte viel Mitleid mit meiner Kusine und wollte ihr das Schreiben beibringen. Das war mir leider nicht gelungen. Ich war selbst noch kein Schulkind, kannte aber alle Buchstaben.

Sogar Wörter konnte ich schon schreiben. Meine Kusine wurde von anderen Kindern gehänselt und auch geschlagen.
Einmal schlug mein Klassenkamerad auf die Arme ein. Ich ging dazwischen. Übrigens war er der Sohn von unserer Lehrerin. Ihr erzählte ich dann, was er getan hatte. Zur Strafe musste der Junge meiner Kusine seine Ostergeschenke geben, sogar den großen schönen Ball. Meine Tante sagte dazu, dass es nicht nötig gewesen wäre, ihn zu bestrafen. Sie war dafür Kinder aufzuklären, wenn sie etwas falsch gemacht hatten."
„Ist das auch deine Meinung?", fragt Marie. „Ja. Gesunde und behinderte Kinder brauchen es, dass ihre Eltern für sie viel Verständnis haben. Ich finde, dann entsteht eine gute Beziehung zwischen dem Kind und seinen Eltern; man kann auch sagen, ein gutes Verhältnis. Dafür müsste sich jeder genügend viel Zeit nehmen. Gemeinsame Gespräche und auch Vorlesen helfen dabei. Dadurch kann sich das Einfühlungsvermögen besser entwickeln."

„Was ist denn Einfühlungsvermögen, Tante Ingela?", möchte Marie genauer wissen.
„Dass man sich vorstellen kann, wie ein anderer fühlt und in welcher Situation er ist. Wenn sich die Familienmitglieder darüber austauschen, kann vieles geklärt werden. Das ist nicht nur gut für den Umgang miteinander in der Familie, sondern auch mit anderen im sozialen Umfeld. Dazu gehören Schule, Beruf und Freizeit. Schön ist außerdem, wenn man in schwierigen Situationen darauf achtet, wie man sich selbst und wie sich der andere fühlt."

„Und behinderte Menschen haben auch Gefühle, stimmt's, Tante Ingela?"

„Ja, natürlich! Ich meine auch, dass weder gesunde noch behinderte Kinder und Erwachsene ausgegrenzt werden sollten. Es gibt heute viele Menschen, die möglichst jeden gleichberechtigt in die Bildung und das gesellschaftliche Leben einbeziehen oder 'einschließen' möchten."

„Ja, das habe ich schon mal von meiner Mutti gehört. Sie erzählt mir viel über ihre Förderschüler. Mutti sagt dazu immer so ein komisches Wort. Kennst du das?"

„Ja, Marie, das Wort heißt in Fachkreisen Inklusion. Ich habe darüber auch viel von deiner Mutter gehört. Ich interessiere mich dafür sehr. Gegenseitige Akzeptanz, die Bereitschaft zu Kompromissen und zum Teilen fördern auch einen friedlichen Umgang miteinander. Das erlebt deine Mutti jeden Tag bei der Arbeit mit ihren Schülern", sagt Ingela.

„Du benutzt aber viele Fremdwörter, Tante Ingela."

„Ja, ich drücke das mal anders aus. Es ist wichtig für alle zu wissen, dass es Kinder gibt, die anders sind. Sie dürfen auch anders sein.

Und wenn Kinder sich streiten, sollen sie sich friedlich auf eine gemeinsame Lösung einigen können.

Dann wünsche ich mir, dass Kinder teilen lernen, weil das auch viel Freude macht."

„Das habe ich verstanden, Tante Ingela."

„Weißt du, Marie, der friedliche Umgang miteinander ist im Kleinen wie im Großen wichtig. Davon spricht die Zeitgeschichte mit den vielen Kriegen. Die haben viel Leid gebracht. Ich wünsche mir den Frieden auf der ganzen Erde. Mein Vater hat als Kind den Zweiten Weltkrieg erlebt und mir einiges davon erzählt. Meine Tante ebenso. Sie wurde durch den Krieg ein Waisenkind."

Nun möchte Marie wissen, ob Freundschaft auch gut für den Frieden ist.

„Ja. Zwischen verschiedenen Ländern der Erde hat die Völkerfreundschaft einen großen Nutzen für den Frieden.

Freundschaft ist insgesamt gut für ein friedliches und glückliches Zusammenleben. Manchmal sind das die besten Freunde, die schon selbst viel Pech im Leben hatten. Der Pechvogel Puppe Elke hat zwei Mädchen glücklich gemacht. Die beiden beschlossen sich gemeinsam um das Puppenkind zu kümmern. Dieses wurde zum Bindeglied zwischen einem gesunden und behinderten Kind sowie deren beiden Familien."

„Ich weiß. Die Mädchen heißen Ingela und Angela. Du bist die Ingela von früher und jetzt die Kinderärztin. Deine Freundin Angela arbeitet bei dir auf der Station und macht einfache Arbeiten, die aber auch sehr wichtig sind. Sie hat das Down-Syndrom. Aber kannst du mir auch erklären, was das ist? Ich hab's noch nicht richtig verstanden."

„Das versuche ich. Für ein Kind aus der dritten Klasse ist das wirklich schwer zu verstehen. Schüler aus den höheren Klassen haben schon etwas über die Erbanlagen des Menschen im Biologieunterricht gelernt."

Was die Kinderärztin über das Down-Syndrom erklärt

„Die Menschen, Tiere und Pflanzen bestehen aus ganz winzigen Bestandteilen. Das sind die Körperzellen. Mit dem bloßen Auge kann man diese gar nicht sehen. Sie müssen mit Geräten sehr stark vergrößert werden."

„Die heißen Mikroskope, stimmt's, Tante Ingela?"

„Ja. Damit lässt sich auch erkennen, dass jede Zelle einen Zellkern hat. In den Zellkernen sind die Chromosomen. Diese Gebilde sehen wie Stäbchen oder Haken aus. Sie sind für jedes Lebewesen in einer eigenen Form, Struktur und Anzahl vorhanden."

„Kann man sich das wie einen Bauplan für ein Haus vorstellen?", fragt Marie.

„Ja, auch wenn jeder Vergleich hinkt. Es gibt schließlich auch verschiedene Baupläne für die unterschiedlichen Haustypen. Aber zurück zu den Menschen. In den Chromosomen wiederum sind hintereinander die Gene aufgereiht."

„Was sind denn nun schon wieder Gene?"

„Die Gene sind unsere Erbfaktoren oder Erbanlagen. Durch die Erbanlagen können bestimmte Merkmale unseres Körpers und in unserem Gesicht, also im Aussehen, ausgebildet werden.

Zum Beispiel haben die 'Mongoliden', heute sagt man Ostasiatische Völker, schräge Lid-Achsen und wir nicht. Das ist normal."

„Ach so, der Mann von unserem China-Imbiss hat auch schräge Augen."

„Ja. Aber es gibt manchmal Abweichungen in den Chromosomen und somit in den Erbanlagen. Es können zu viele Chromosomen in den Zellkernen vorhanden sein.
In solchen Fällen wird ein Kind mit Fehlbildungen oder Formänderungen am Körper und im Gesicht geboren."
„Auch mit Lernbehinderung?"
„Ja, das kann auch sein. Das Mädchen Angela in der Geschichte 'Puppe Elke Doll' kam mit 'schrägen Augen', einer Knopfnase und einer großen Zunge zur Welt. Ein solches Gesicht ist wirklich anders. Auch durch die große Zunge konnte das Mädchen schlechter sprechen."

„Aber jetzt spricht deine Freundin doch normal."

„Ja, sie hatte Sprachtherapie. Aber die Zunge ist nicht sehr stark vergrößert. Dadurch musste sie nicht operiert werden. Angela hatte von Anfang an eine verzögerte körperliche Entwicklung und war kleiner. Einen Herzfehler hat sie jedoch nicht. Manche 'Down-Syndrom-Kinder' haben das und müssen auch daran operiert werden. Zum Glück ist ihre Intelligenz nicht so schwer geschädigt. Deshalb konnte sie sogar eine Lernbehindertenschule besuchen, wo man auch Lesen, Schreiben und Rechnen lernt. In der ehemaligen DDR hieß das Hilfsschule. Viele Kinder mit dem Down-Syndrom müssen aber in eine Schule für geistig Behinderte und lernen dort wichtige Dinge für den Alltag. Das gab es in der DDR nicht. Diese Kinder kamen damals meist in ein Vollheim. Dadurch wurde ihnen die Mutter weggenommen und das hat ihnen auch noch seelisch geschadet. Ihre Behinderungen verschlimmerten sich.

Damit die behinderten Kinder nicht traurig, depressiv und stumpf werden, sollen sie bei ihren Eltern aufwachsen und brauchen auch die Kontakte zu anderen Kindern."

„Da hatte Angela aber Glück. Sie war für die Hilfsschule der DDR schlau genug. Sonst hätte sie ja auch in ein Kinderheim gemusst", sagt Marie.

Ein besonderer Tag beginnt

Die kleine Ingela macht mühsam ihre Augen auf. Sie ist noch ganz müde. Das Mädchen wundert sich: „Warum klingelt der Wecker so früh? Es ist doch Sonntag. Ich muss heute gar nicht in den Kindergarten.“ Da entdeckt es auf seiner Bettdecke zwei dicke gelbe Zöpfe. Die gehören zu einer Puppe. „Das ist Elke Doll“, sagt seine Mutter lächelnd, „die gratuliert dir zum Geburtstag, ehe ich zur Arbeit muss.“ Endlich hat Ingela begriffen: „Danke für mein schönstes Geburtstagsgeschenk, eine Puppe mit richtigen Haaren habe ich mir so doll gewünscht. Warum heißt mein Puppenkind Elke Doll? Weil es so doll ist?“ „Doll ist ein englisches Wort und heißt ganz einfach Puppe“, schmunzelt die Mama.

„Danke, Mama, ich freue mich wirklich ganz doll. Ich möchte dir auch eine Freude machen. Heute kümmere ich mich um unser Frühstück“, sagt Ingela mit leuchtenden Augen. „Aber meine Kleine, du weißt doch, dass die Menschen auch an den Sonntagen mit der Straßenbahn fahren möchten. Manche müssen so wie ich sonntags arbeiten und zu ihrer Arbeit fahren und dazu brauchen sie die Bahn. Viele wollen auch heute an ihrem arbeitsfreien Tag einen Ausflug mit der Straßenbahn machen. Also muss ich jetzt gehen und darf mich nicht verspäten. Der ganze Fahrplan der Linie 1 würde sonst durcheinander kommen“, erklärt die Mutti geduldig. Ingela hat verstanden. Sie gibt ihrer Mama einen Kuss und lässt sie gehen. „Warum ist sie denn nicht

Kindergärtnerin geworden?", denkt das enttäuschte Geburtstagskind, „oder Lehrerin?" Ihr Papa kann am Sonntag immer zu Hause bleiben, weil er nämlich Lehrer ist. Mama hat die Kinderzimmertür angelehnt gelassen.

Ingela hört Geschirr klappern. Sie weiß, dass ihr Vati in der Küche das Frühstück zubereitet. Auf einmal riecht es ganz lecker nach Eierkuchen, dann nach Pfefferminztee und Papas Kaffee. Das Mädchen springt aus dem Bett und läuft in die Küche. Papa hat ein leckeres Frühstück mit Brötchen vom Bäcker Bernd gemacht. Auf dem Tisch stehen fünf Kerzen. Der Vati nimmt seine Tochter auf den Arm. Sie darf die Kerzen ausblasen und sich einen Ausflug aussuchen. „Ich wünsche mir nach dem Frühstück eine Straßenbahnfahrt mit der Linie 1 und Elke Doll soll mitkommen. Warte, ich hole sie schnell aus meinem Kinderzimmer." „Aber es regnet doch", meint Papa. „Ich falte aus Zeitungspapier ein Hütchen für meine Puppe, das habe ich im Kindergarten von Tante Rosi gelernt", sagt Ingela.

Will nicht, werde doch schmutzig!
Ist ja nur Drucker-schwärze

Der Ausflug mit Elke Doll

„Ich will den Hut nicht, der ist schmutzig", glaubt Ingela aus irgendeiner Richtung zu hören. „Wer spricht da?" „Ich." „Wer ist denn Ich?" „Na ich." Das Mädchen sieht, wie Elke ihre Lippen bewegt. Oder doch nicht? Die Puppe ist sogar vom Stuhl gerutscht und scheint die Hände in die Hüften zu stemmen. „Wenn Papa das wüsste, würde er lachen und mich wieder Träumerchen nennen", denkt Ingela. Sie setzt Elke wieder auf den gelben Küchenstuhl. Die Puppe scheint jetzt ungeduldig zu sagen: „Nimm mir sofort den schmutzigen Hut ab!" Das Mädchen erklärt der Puppe: „Das ist kein Schmutz, sondern Druckerschwärze, mit der die Buchstaben auf die Zeitung gemacht werden. Frag doch Papa!" Ingela geht sich die Hände waschen. Als sie wiederkommt, sagt sie zu Elke: „Du brauchst das Papierschiffchen, weil es draußen regnet. Nun komm schon mit, wir warten im Korridor auf Papa." Elke Doll ist wieder still. Das Mädchen und die Puppe warten eine ganze Weile. Vati kommt mit dem Regenschirm. Die Elke macht große Kulleraugen. „Ich brauche also doch kein Hütchen", denkt sie, bleibt jedoch still, vielleicht weil Papa in der Nähe ist. Er geht noch einmal in die Küche und holt einen Korb mit lauter Essen und einer Thermokanne Tee. Der Vater will mit seiner Tochter und der neuen Puppe Picknick machen. Inzwischen ist Ingela schon im Treppenhaus und rutscht mit ihrem Puppenkind unter dem Arm das Treppengeländer hinunter. Elkes gelben Zöpfe fliegen nach hinten und sie

jammert: „Hör auf, mir wird es ganz schwindlig!“ Wenn Papa das gesehen hätte! Hat er aber nicht.
Schon nimmt Papa seine Tochter an die Hand. Gemeinsam laufen sie die paar Schritte bis zur Straßenbahnhaltestelle. Wie praktisch, eine Haltestelle fast vor der Haustür zu haben. „Es regnet gar nicht mehr“, denkt Elke Doll, „aber ich muss den blöden Hut auf dem Kopf behalten.“ Die Straßenbahn kommt. Die Linie 1! Sie steigen vorn bei der Fahrerin ein. „Das ist ja Ingelas Mama“, bemerkt Puppe Elke. „Die freut sich aber!“ Leider muss die Mutter gleich weiterfahren. Das Mädchen schaut auf ihren Rücken und weiß, dass sie immer noch lächelt, ganz bestimmt. Kaum sitzen Vater und Tochter, als plötzlich ein Auto die Schienen überquert. Ingelas Mama macht eine Vollbremsung. Nur ein kurzer Schreck! Alles ist gut. Ingela und Papa unterhalten sich weiter und merken gar nicht, dass Elke und der Regenschirm am Boden der Straßenbahn liegen.
An der Haltestelle „Eisenbahninsel“ steigen alle, die noch in der Bahn sitzen, aus. Endhaltestelle! Hier hält die Bahn immer ein bisschen länger. Sie können sich sogar in Ruhe von Mama verabschieden. Papa und Ingela geben ihr zum Abschied noch einen Kuss. „Ein Glück, dass du so schnell gebremst hast“, bedankt sich der Vater bei seiner Frau. Das Mädchen sieht die Puppe, hebt sie schnell hoch und setzt ihr das Hütchen wieder auf. Diesmal zieht es die am Zeitungspapier befestigte Schnur fester zu, damit Elke ihre Kopfbedeckung nicht erneut verliert. Papa spricht noch mit der Mama. Dann steigen er und das glückliche Geburtstagskind aus.

„Hast du deine Puppe mitgenommen?“, will Papa wissen. „Natürlich!“ Das Mädchen schlenkert Elke herum, dass dieser wieder ganz schlecht und schwindlig wird. Die Puppe schimpft nicht, wahrscheinlich wegen Papa. Dicke Tropfen fallen vom Himmel. „Ich habe den Regenschirm in der Bahn liegen lassen“, jammert der Vater plötzlich. „Unsere Haare werden nass, doch gut, dass Elke ein Hütchen hat“, fügt er hinzu. Ingela freut sich. Sie wusste es wieder mal besser als Papa. „Siehst du, Püppchen, deine dicken gelben Zöpfe bleiben trocken.“

Papa, Ingela und Elke sind zum Wartehäuschen der Straßenbahn zurückgegangen. Sie warten so lange, bis der Regen aufgehört hat. Zum Glück war es nur eine Husche. Nun laufen auch sie endlich zur Eisenbahninsel. Die anderen hatten ihre Schirme nicht vergessen. „Sie werden schon längst alle dort sein und sämtliche Bänke unter den Bäumen besetzt haben“, jammert Papa. Darüber lacht sogar die Sonne. Sie ist hinter den Wolken hervorgekommen. „Wenn sie scheint, wird wieder alles trocken, ehe wir da sind“, tröstet das Geburtstagskind seinen Vater.

Ingela hat tatsächlich recht. Ihre langen und Papas gelockten Haare sowie Elkes Hütchen und auch die saftig grüne Wiese sind inzwischen nicht mehr nass. Wie gut, dass das Gras regelmäßig gemäht und damit immer kurz gehalten wird. Papa kann sogar die Decke für alle ausbreiten und den „Futterkorb“ drauf stellen. Er packt Eier, Hackbällchen, Brötchen, Äpfel und die Eierkuchen von heute früh sowie Kräutertee aus. Aus Versehen lässt Ingela ihre Puppe fallen. Diese landet genau auf dem Rücken. „Hunger, Hunger“, sagt

das Puppenkind und sein Magen knurrt. Das Mädchen setzt Elke Doll wieder hin. Die Puppe muss zugucken. Sie schweigt jetzt wahrscheinlich, weil Papa neben ihr auf der Decke sitzt. „Du hast aber Hunger“, sagt der Vater zu seiner Tochter. Ingela antwortet nicht. Sie will nicht Träumerchen genannt werden. Papa weiß nicht, dass die Puppe sprechen und ihr Magen knurren kann. „Hast du mich gehört, Träumerchen?“, fragt er seine stille Tochter. „Vielleicht kann Elke sogar essen“, denkt Ingela. Die Puppe macht nichts. Doch ihre Augen sehen wieder ganz groß und rund aus. Sie essen ohne Elke. Papa schlägt vor, mit der Kindereisenbahn zu fahren. Nun sieht Elke Doll sogar so aus, als ob sie lächelt. Auf jeden Fall leuchten ihre Augen, als sie den Korb und die Decke wieder zusammenpacken.
Die beliebte Eisenbahn ist ganz in der Nähe. „Die Sonne scheint freundlich“, denkt das Mädchen. Unterwegs zum Kinderbahnhof zählt es die Bänke. Ingela kommt auf acht Stück. Sie kennt auch alle Buchstaben, kann Wörter lesen und bereits in Druckschrift schreiben, nicht nur ihren Namen. Am liebsten würde sie schon jetzt in die Schule gehen. Hoffentlich regnet es nicht wieder. Die Anhänger der Kindereisenbahn haben nämlich keine Dächer. Und Papas Schirm liegt noch in der Straßenbahn.

Mit Elke Doll in der Kindereisenbahn

Die drei setzen sich in einen Eisenbahnwagen, wo noch nicht alle Plätze besetzt sind. Neben ihnen sitzt ein kleiner Junge. Er leckt gerade ein Eis. Die Sonne hat dieses so flüssig gemacht, dass es auf Elkes Kopf tropft. Zum Glück hat die Puppe noch ihr Hütchen auf. „Dummer Bengel, warum muss der nur mit seinem Eis so herumfuchteln", denkt Elke Doll. „Können Sie nicht auf ihren Sohn aufpassen", tadelt Papa die junge Mutter. Die Frau schimpft dummes Zeug: „Puppen gehören nicht in die Kindereisenbahn, die nehmen zu viel Platz weg." Papa sagt nichts mehr und denkt: „Der Klügere gibt nach." Sie fahren an saftigen Wiesen, grünen Eichen, Birken und Buchen sowie bunten Blumenbeeten vorbei. Elke Doll macht große Augen. Sie lässt sich von Ingela die Namen der Bäume und Blumen sagen. „Das sind alles Sommerblumen", erklärt Ingela. Darüber freut sich ihr Papa. „Aussteigen, Endstation", ertönt eine Kinderstimme aus dem Lautsprecher. „Hier verbringen die Kinder der Arbeitsgemeinschaft Junge Eisenbahner gern ihre Freizeit und helfen den Erwachsenen", erklärt Papa dem Puppenkind. Elke Doll wundert sich, dass Ingelas Vati mit ihr spricht.

Beim Aussteigen stolpert das Mädchen und lässt dabei seine Puppe fallen. Diese landet mit dem linken Fuß in einer Pfütze. Das mit Eis bekleckerte Hütchen sitzt fest und ist nicht ins Regenwasser gefallen. Die drei sind ein Stück über die Eisenbahninsel zu einer anderen Haltestelle der Straßenbahn gelaufen. Auch mit der Linie 5 fahren sie bis in ihre Wohngegend, wenn auch nicht bis kurz vor ihre Tür. Diese Bahn fährt eine nette Kollegin von Mutti. Papa und Ingela mit Elke steigen aus und sprechen noch von der schönen Eisenbahnfahrt auf der Insel.

Karten, ach so!
Auch für Elke?

Mit Elke Doll hinter dem Miethaus

Papa und Ingela wollen noch ein Weilchen mit der Püppi auf einer Bank hinter ihrem Haus sitzen. Mutti kommt erst in einer Stunde von der Arbeit. Zu schön ist es unter den Bäumen auf dem Grundstück. „Papa, warum heiße ich eigentlich Ingela“, will das Mädchen wissen. „Das ist eine lange Geschichte“, antwortet Papa und kommt ins Erzählen. „Dein Ur-Ur-Ur-Urgroßvater kam aus Schweden nach Deutschland. Seine Mutter hieß Ingela, so wie du. Als er deine Ur-Ur-Ur-Urgroßmutter aus Preußen heiratete, war seine Mutter dagegen. Die beiden stritten sich und sahen sich nie wieder.“ „Wie traurig.“

Ingela und Papa merken beim Erzählen nicht, was um sie herum passiert. Elke liegt neben ihnen auf der Bank. Als das Mädchen kurz aufblickt, sieht es den Nachbarn Bolle beim Rasenmähen schwitzen. Ingela nimmt ihrer Puppe das Papierhütchen vom Kopf und legt sie wieder neben sich auf die Bank. Sie ist kaum damit fertig, als etwas mit hoher Geschwindigkeit auf Elkes Haar kleckst. „Wie eklig, das ist ja Vogeldreck!“ Papa muss wegen der komischen Situation lachen und prusten. Während er Ingela schnell ein Papiertaschentuch reicht, kann er sein Lachen nur mühsam unterdrücken. „Die Vogelkacke geht damit nicht raus und Fusseln vom Taschentuch hat Elke nun auch noch im Haar“, jammert Ingela. Papa überhört das Wort Kacke und sagt zuversichtlich: „Ach, du kannst ihr doch zu Hause die Haare waschen, ich

helfe dir dabei. Und ehe Mutti kommt, sind Püppis Zöpfe wieder strahlend gelb."
Jetzt bittet Ingela ihren Vater, noch mehr über ihren schwedischen Vorfahren zu berichten, der im Krieg war. „Ach, das ist ja spannend, warum haben die Deutschen und die Schweden damals gegeneinander gekämpft? Kriege sollte es überhaupt nicht mehr geben." „Über die Ursachen von Kriegen wirst du später viel erfahren, wenn du in die Schule gehst. Jedenfalls wollte dein Ur-Ur-Ur-Urgroßvater den Krieg nicht, aber durch diesen kam er nach Deutschland und verliebte sich in deine Vorfahrin. Die Liebe ist stärker als der Krieg. Das siehst du an deinen Ur-Ur-Ur-Urgroßeltern." „Aber nicht immer, ja Papa?" Papa findet Kriege sinnlos und erzählt weiter: „Als ich ein sehr kleines Kind war, fielen Bomben und wir mussten in die Luftschutzkeller." „Was war das für ein Krieg, Papa?" „Der Zweite Weltkrieg." „Hat Mama da auch schon gelebt?" „Nein, sie ist jünger als ich." Ingela fragt und fragt. Sie ist sehr froh, dass es bei ihnen schon sooo lange keinen Krieg mehr gegeben hat.

„Wann hat denn mein Großvater mit den vielen Ur-en gelebt?" „Das war im 18. Jahrhundert." „Und wann fingen die Schweden an, Krieg gegen die Deutschen zu machen?" „Im Jahre 1756 begann der Krieg und die Schweden kamen 1757 dazu." „Und wie lange ist das her?" „Das war vor 213 Jahren." „War das auch schon ein Weltkrieg?", will Ingela nun wissen. Auch darauf kann Papa zum Glück antworten. „Ja, der Siebenjährige Krieg war ein Weltkrieg." Nun braucht Ingela nicht mehr zu fragen, wie lange dieser Krieg dauerte. Aber ihr fällt gleich die nächste Frage ein: „Woher weißt du eigentlich, dass es vor 213 Jahren war?“ „Ich habe mir das ausgerechnet.“ „Erkläre mir, wie man so was ausrechnen kann“, bittet Ingela ihren Vater. „Das verstehst du noch nicht. Warte bis du in die Schule kommst.“ Das will Ingela gar nicht einsehen. Sie fragt aufgebracht: „Warum darf ich denn noch nicht in die Schule?“ „Du bist noch zu klein.“ Das Mädchen fragt weiter: „In welcher Zeit leben wir jetzt?“ „Im 20. Jahrhundert, im Jahre 1970.“ Ingela fragt und fragt.

Plötzlich kommt unbemerkt der Hund vom Nachbarn Bolle. Er schnappt sich Elke und schlenkert sie übermütig herum. Die Püppi landet genau vor dem Rasenmäher. Der überfährt ihren linken gelben Zopf und schneidert ein Stück davon ab. In diesem Augenblick schaut Ingela nach ihrer Puppe, die nicht mehr neben ihr liegt. Sie ahnt etwas Schlimmes. Ingela sieht den Hund und rennt zum Rasenmäher. Dort entdeckt sie ihre verunglückte Puppe. Nicht nur der linke Zopf sieht schlimm aus, sondern auch der rechte. An dem klebt nämlich Hundekot. Jetzt weint das Mädchen bitterlich. „Wir müssen mit deiner Puppe zum Puppendoktor“, tröstet Papa seine kleine Tochter. „Aber dann muss Elke bestimmt im Puppen-Krankenhaus bleiben. Was wird Mutti bloß dazu sagen? Wird sie schimpfen?“ „Warte, ich schneide Elkes rechten Zopf etwas kürzer. An dem klebt sowieso Hundekacke. Dann hat sie wieder zwei gleich lange Zöpfe.“ „Ich soll Kot sagen und Papa sagt Kacke“, denkt Ingela. Der Vater will den Kot gleich mit wegschneiden und nimmt die Schere. Aber er hat keine ruhige Hand. Dadurch ist jetzt der rechte Zopf viel kürzer als der verstümmelte linke. Nun müssen sie doch zum Puppendoktor. „Ich werde Mama alles erklären“, verspricht Papa. „In einer

halben Stunde muss sie von der Arbeit kommen. Der Puppendoktor ist gleich um die Ecke“, sagt der Vater noch. „Laufen wir schnell mit Elke zu ihm“, bittet Ingela.
Dort angekommen, müssen sie feststellen, dass die Ladentür verschlossen ist. Also klingelt Papa. Es dauert eine Weile, bis die Tür geöffnet wird. Doktor Dolli guckt komisch und sagt: „Ich habe keine Sprechstunde, es ist Sonntag.“ Er sieht die enttäuschten Gesichter und hat Mitleid mit den beiden. „Was ist denn mit der Puppe passiert, vielleicht ist das ja ein Notfall, dann mache ich natürlich eine Ausnahme. Ich habe ja schließlich den Eid des Puppenarztes geschworen.“ Ingela und ihr Vati erzählen ihm die Geschichte. „Aber warum ist denn nun der rechte Zopf viel kürzer als der linke, den der Rasenmäher abgeschnitten hat?“ Auch das erzählt Papa dem Puppendoktor. Da muss Doktor Dolli lachen: „Väter machen auch Dummheiten.“ Er läuft zu seinem Medizinschrank und holt mehrere gelbe Perücken mit Zöpfen heraus. Von drei Gelbtönen passt zum Glück einer. „Aber ich benötige für die Reparatur wenigstens eine Stunde. Erst dann könnt ihr die Puppe wieder abholen.“

„Wir werden die Mama ablenken, dass sie nicht gleich nach Elke fragt“, schlägt Papa vor. „Ich hole deine Püppi dann heimlich vom Puppendoktor ab.“ Ingela ist es sehr bang ums Herz, während sie mit ihrem Vater die Treppe zu ihrer Wohnung hochgeht. Als sie die Tür aufschließen, kommt Mutti ihnen schon entgegen: „Da seid ihr ja endlich! Ich durfte heute eine Stunde eher nach Hause gehen. Mein Kollege hat mich wegen Ingelas Geburtstag zeitiger abgelöst. Und wo habt ihr denn die schöne Puppe?“ Papa und Ingela entscheiden sich für die Wahrheit. „Ich freue mich, dass ihr beide ehrlich seid", sagt die Mama. „Wir holen die Puppe noch vor dem Abendessen. Sonst geht der Puppendoktor womöglich schon ins Bett und wir können Elke Doll erst morgen zurückbekommen", sagt Papa.

Ich war das nicht.!!! Wau..!!

Elke Doll wird abgeholt

Ingela ist wieder fröhlich. Doktor Dolli hat ihre Püppi bestimmt schon gesund gemacht. Papa ist erleichtert und freut sich schon jetzt auf das Geburtstags-Abendessen. Sie nähern sich der Arztpraxis, Praxisbesonderheit Puppen. Eine Mutti steht mit ihrer Tochter vor dem Schaufenster. Das Mädchen weint fürchterlich: „Will tein Tind sein, will ein Teddy sein!" Papa geht auf die Kleine zu. Sie bekommt es mit der Angst zu tun und klammert sich an Muttis Rock.

„Wie heißt denn ihre Tochter und was ist mit ihr?", will Ingela wissen. „Sie heißt Angela", sagt die Mutti. „Und sie ist gerade von anderen Kindern gehänselt worden. Da laufen sie noch." „Gehänselt, warum?" Ingela erfährt, dass die Kinder aus der Corner-Schule „Mongo" zu Angela gesagt haben, weil sie „schräge Augen" hat. Sie riefen: „Knopfnase, mach dein Maul zu, sonst gibt's Durchzug! Ist das eine Zunge oder ein Waschlappen?" Die Mutti streichelt Angela: „Ich hab dich doch sooo lieb." „Tinder haben nur Teddys lieb. Sehen niedlich aus. Ich will Teddy sein und tein doofes Tind", jammert die Kleine. Beim Sprechen verwechselt sie „K" mit „T". Angela sagt auch „Torner-Schule". Die Kinder spotten darüber, was sie dort denn turnen würde. Obwohl das Mädchen kleiner als Ingela ist, ist es doch zwei Jahre älter. Angelas Mutti erklärt dem Papa, dass ihre Tochter eine angeborene Behinderung habe. Sie sei gerade eingeschult worden und bekomme Förderunterricht an einer Hilfsschule. Der normale Unterricht würde für sie zu schwer sein. Ihren

Sprachfehler nenne man in Fachkreisen Stammeln. Bei anderen Kindern verlöre sich das von allein, noch bevor sie in die Schule kämen. Angela werde sprachtherapeutisch behandelt. Dadurch könne ihr Sprachfehler weggehen.

„Papa, bitte hol du meine Puppe. Ich warte solange bei Angela und ihrer Mama und gucke mir das Schaufenster an. Bitte, ja?“ Der Vati geht zum Doktor und kommt bald mit Puppe Elke fröhlich pfeifend aus dem Geschäft. Da strahlen Angelas Augen: „Ist das meine Püppi?“ Noch während der Vater mit dem Kopf schüttelt, reißt Ingela ihm die schöne Elke aus dem Arm. Sie schenkt dem Kind ihr kostbares Geburtstagsgeschenk. Die Erwachsenen sind erst sprachlos. Dann einigen sie sich, dass Angela die Puppe behalten darf.

Durch Elke beginnt eine Freundschaft

Papa reicht der Frau die Hand: „Ich heiße Lehmann." „Kleemann", antwortet Angelas Mutter. Beide müssen lachen. „Ingela Lehmann und Angela Kleemann", sagt Papa, „die beiden haben aber sehr ähnliche Vornamen..." „Und Nachnamen", beeilt sich Frau Kleemann zu sagen. Ingela und Angela spielen mit der Puppe.

„Was hat ihre Tochter? Warum sagen die Schulkinder 'Mongo' zu ihr?", will Papa Lehmann wissen. „Ach", antwortet Frau Kleemann, „ich war schon über 40 Jahre alt, als ich zum ersten Mal schwanger wurde. Wahrscheinlich war ich schon zu alt. Meine Kleine hat 'schräge Augen', so ähnliche, wie sie die 'Mongoliden' haben. Eigentlich sind die Augen gar nicht schräg, sondern die Lidachsen. Das liegt an einer Schädigung in ihren Erbanlagen. Die Mediziner nennen das Down-Syndrom. Aber sie hat eine schwächere Ausprägung und dadurch nur eine leichtere Lernbehinderung. Die geringere Intelligenz nennen die Fachleute Debilität. Andere Kinder mit einem Down-Syndrom sind meist geistig behindert. Für solche Kinder gibt es bei uns keine Schulen, sie kommen fast alle in ein Heim. Sie werden von Nervenärzten als bildungsunfähig eingestuft. Ich habe gehört, dass es drüben, in der BRD, sogar Schulen für geistig Behinderte geben soll. Dort lernen auch 'Down-Syndrom-Kinder' praktische Dinge fürs Leben, wenn auch nicht Schreiben und Lesen. Angela ist für eine einfache Schulbildung mit Rechen-, Schreib- und Lesekenntnissen schlau genug, auch wenn die nicht behinderten Kinder klüger sind als sie. Dafür ist mein Mädchen aber sehr musikalisch." Herr Lehmann nickt verständnisvoll. „Was ist denn Intelligenz?", möchte Ingela jetzt wissen. „Wie klug einer ist." „Kann man auch sagen, wie schlau?" „Ja, natürlich."

Angela lacht fröhlich. Sie hat eine neue Freundin. Und ihr gehört die schönste Puppe. Angela drückt das Puppenkind fest an sich. Plötzlich ruft Elke Doll: „Hunger, Hunger", und ihr Magen knurrt dabei. Ingela sagt erstaunt: „Elke kann also doch sprechen und mit dem Magen knurren!" Angela weiß es besser: „Ich habe Elte doll dedrütt. Sie hat hinten einen Tnopf. Der deht dann an. Da schreit sie Hunger und tnurrt. Elte ist tein Tind." Angela spricht nicht nur „T" statt „K", sondern auch „D" statt „G". Vater Lehmann sagt: „Wir haben gar nicht gemerkt, dass die Puppe eine Sprechstimme und einen Anschalter hat." „Muss ich Püppi zurüttdeben?", fragt Angela weinerlich. Ingela antwortet schnell: „Nein. Geschenkt ist geschenkt und wieder holen ist gestohlen." Sie erklärt ihrer neuen Freundin das Sprichwort. Nun hat Angela verstanden. Sie darf die Sprechpuppe behalten. Die Kleine jubelt.

„Kennst du das Teddylied?", erkundigt sich Ingela bei Angela. „Ja, das hab' ich im Tinderdarten delernt." „Ich auch, nämlich von Tante Rosi." „Kannst du es vorsingen?", fragt Ingela. „Nein, tann ich nicht!" „Dann singe ich es", sagt Ingela und fängt gleich an:

Teddy, Teddy, gib mir Kraft,
Teddy, ich erzähl dir was.
Teddy, Teddy, Teddylein.

Möchte auch ein Teddy sein;
Teddy bleibt für immer klein.
Teddy, Teddy, Teddylein.

Wenn ich doch ein Teddy wär',
hätt' ich keinen Kummer mehr.
Kuschel, Kuschel, Kuschel-Bär!

Teddy wär' ich ja so gern,
denn der ist ein Augenstern.
Kuschel, Kuschel, Kuschel-Bär!

Wenn ich doch ein Teddy wär',
liebten alle mich so sehr.
Kuschel, Kuschel, Kuschel-Bär!

Möchte gern ein Teddy sein;
keiner wär' zu mir gemein.
Teddy, Teddy, Teddylein.

Mit der Traurigkeit ist Schluss,
Bärchen, ‘kriegst jetzt einen Kuss.
Bärchen, Bärchen, Bärchen mein.

„Du tannst aber schön singen, wie hast du dir das Lied demertt?“, sagt Angela ganz begeistert. Ihre Mama überlegt: „Ich werde morgen zu deiner Lehrerin in die Schule gehen, ihr alles über deinen großen Kummer und vom Teddylied erzählen.“ Plötzlich singt auch Angela: „Plüschi, Plüschi, Plüschibär, Bärchen, Bärchen, Bärchen mein, Teddy, Teddy, Teddylein.“ „Du hast aber eine schöne Stimme, Angela - und die Melodie hat auch gestimmt“, lobt Papa Lehmann. Puppe Elke scheint ganz große Kulleraugen zu machen und Angela lächelt glücklich.

Auf dem Weg nach Hause

„Wir müssen nach Hause“, drängelt Papa. „Mutti wartet schon.“ „Wir müssen uns auch beeilen, weil wir noch den Regenschirm zur Kollegin von unserem Vati bringen sollen. Er hat sie heute abgelöst und fand den hier in der Fahrerkabine.“ Mit diesen Worten hebt Frau Kleemann den Schirm hoch. „Der sieht ja aus wie meiner. Meiner ist auch gelb mit roten Punkten“, staunt Herr Lehmann. „Komisch, die Kollegin von unserem Papa heißt auch Lehmann“, fällt Frau Kleemann jetzt erst auf. „Wie kommen sie zu dem Schirm?“ Ingelas Papa wundert sich sehr. „Ich habe meinen Regenschirm in der Straßenbahn der Linie 1 vergessen. Meine Frau hatte gerade Dienst. Sie fuhr die Bahn.“ „Da wird Ihre Frau den Schirm gefunden haben und wollte ihn bestimmt mit nach Hause nehmen. Aber sie muss ihn selbst in der Fahrerkabine vergessen haben, als mein Mann sie ablöste“, sagt Angelas Mama. Ingelas Vater hat das noch nicht ganz verstanden.

Frau Kleemann erklärt der Reihe nach: Die Kleine und sie hatten den Papa zur Arbeit begleitet. Sie fuhren ein Stück mit der Bahn bis zur Eisenbahninsel mit und blieben noch so lange sitzen, bis der Vater seine Kollegin abgelöst hatte. Er stellte wie jedes Mal vor Dienstbeginn seine Tasche auf den Fahrersitz. Doch da fand er etwas. Bevor die Beiden ausstiegen, kam Herr Kleemann von der Fahrerkabine zurück, um sich wie immer von ihnen zu verabschieden. Dabei gab er seiner Frau diesen Regenschirm. Sie sollte ihn zu seiner Kollegin, Frau Lehmann, bringen. Das hat Ingelas Papa jetzt begriffen und er lacht: „Da können wir gleich alle vier zusammen gehen. Ich wohne bei der Kollegin Ihres Mannes. Wir sind nämlich miteinander verheiratet." Alle freuen sich.

Angela setzt sich ihre große rote Sonnenbrille auf die Nase. „Da tann mich teiner sehen und teiner ärdert mich", sagt sie. Die Mädchen fassen die Puppe gemeinsam an, Ingela am linken und Angela am rechten Arm. Den beiden ist so, als ob Elke Doll „Angst" gesagt hat. Sie lachen und erklären der Puppe: „Wir wollen doch nur 'Engelchen, Engelchen' mit dir spielen." Nun sagen sie im Chor: „Alle Englein fliegen hoch!" Elke fliegt in die Luft und scheint zu lachen. Angelas Mama und Ingelas Papa lachen auch.

So nicht!
Ja!
Hurra!

Das Abendessen bei Familie Lehmann

Papa klingelt. Mama öffnet die Tür. Die anderen haben sich versteckt. „Elke Doll kann sprechen.“ Mit diesen Worten begrüßt Herr Lehmann seine Frau. „Du Kindskopf“, tadelt sie ihn, „du wirst wohl nie erwachsen.“ Lachend kommen Ingela, Angela und Frau Kleemann das letzte Stück von der Treppe hochgerannt. Mama sieht den Schirm und bedankt sich. Sie kennt die Frau ihres Kollegen und kann sich denken, dass er den Schirm in der Fahrerkabine gefunden hat. Ingelas Mama bittet alle hinein. „Ihr redet ja wüst durcheinander. Ich verstehe nichts“, sagt sie und erblickt die Puppe in Angelas Händen. Das Kind bekommt große Augen. „Das ist meine Puppe“, sagt es weinerlich. Frau Lehmann hält sich die Ohren zu, weil wieder alle durcheinander reden. Nun verständigen sich die beiden Mamas in aller Ruhe. Ingelas Mutter hat alles verstanden. Sie sagt zu der kleinen Angela: „Du bist ein liebes Kind und eine gute Freundin für meine Ingela. Du darfst das Püppchen behalten. Und denke immer daran, auf den Charakter kommt es an.“ Angelas Mama erklärt das Wort Charakter. Jetzt lächelt die Kleine stolz und wiederholt: „Auf den Taratter tommt es an.“

„Oh, es schnuppert schon aus der Küche! Wer hilft mir?“, fragt Frau Lehmann. „Ich“, ruft Ingela. „Ich auch“, ruft Angela. Papa und Frau Kleemann dürfen sich schon ins Wohnzimmer setzen. Aber nur zusehen ist ihnen zu dumm. Sie helfen mit. Ruck zuck ist alles fertig. Die Bratkartoffeln sind gut gelungen, und sie genießen zu fünft das schönste Geburtstags-Abendessen von der ganzen Welt. Das ist freilich sehr übertrieben. Eigentlich sind Freunde das schönste von der Welt.

Was mit Puppe Elke geschah

Elke hatte immer Sehnsucht nach ihrer Ingela. Oder war es umgekehrt? Aber: Geschenkt ist geschenkt und wieder holen ist gestohlen! Was nun? Da war guter Rat teuer. Frau Lehmann und Frau Kleemann wussten eine Lösung. Abwechselnd durfte die Puppe einmal bei Ingela und einmal bei Angela wohnen. Dadurch hatte die Elke zwei Mamas. Die Puppenmütter durften außerdem manchmal bei Kleemanns und manchmal bei Lehmanns übernachten. Alle Erwachsenen sagten schließlich „Du" zueinander.

Die Jahre vergingen. Ingela wurde eine gute Kinderärztin und Angela eine gute Stationshilfe. Sie waren in dem Krankenhaus, wo sie beide zusammen arbeiteten, bei den Patienten sehr beliebt. Freundschaft kann ein Leben lang halten. Wem gefällt so etwas nicht?! Und die Puppe Elke? Die gibt es heute noch. Sie wohnte später abwechselnd einmal im Kinderzimmer von Ingelas Tochter und einmal von Angelas Tochter. Angela hatte ihr Kind zusammen mit ihrem Mann adoptiert, weil sie selbst keins bekommen konnte. Mutter Angela spricht längst klar und deutlich. Sie sagt nicht mehr Elte, sondern Elke. Inzwischen gibt es bei uns ebenfalls Schulen für geistig Behinderte. Also können auch alle Kinder mit dem Down-Syndrom in die Schule gehen. Die DDR gibt es nicht mehr. Seit drei Jahrzehnten ist Deutschland wiedervereint. Die Kindereisenbahn wurde früher „Pioniereisenbahn" genannt. Schön, dass

wir diese noch haben. Zum Glück kann auch Puppe Elke immer noch mit dieser Eisenbahn fahren.
Die Töchter von den beiden Freundinnen heißen Inga und Angelika. Ihre Mütter erzählten ihnen die Geschichte von Elke Doll. Die Mädchen wollten diese immer wieder hören. Sie ist deshalb nun hier in dem Buch zu lesen. Und wer weiß, wie alt diese beiden Kinder jetzt sind? Jedenfalls sind sie schon erwachsen und haben selbst Kinder, denen sie heute noch die Geschichte von Elke Doll vorlesen. Die Puppe sitzt dann daneben und scheint aufmerksam zuzuhören. Die Töchter heißen Nora und Jasmin. Die beiden würden gern einmal allein mit der Puppe zur Eisenbahninsel gehen. „Wenn man lieb mit einer Puppe umgeht, kann sie älter als ein Mensch werden", sagt Jasmin. „Oma, warum hieß unsere Kindereisenbahn bei euch früher Pioniereisenbahn?", will Nora wissen. „Das lernst du in der Schule", antwortet Ingela. „Und warum darf ich noch nicht in die Schule? Ich kann doch schon zählen, in meinem Bilderbuch lesen und so viele Wörter schreiben", beschwert sich Nora. „Das kenne ich auch von mir. Dein Uropa sagte damals zu mir, dass ich noch zu klein für die Schule bin." Nora fragt und fragt.

Frau Dr. Ingela Astmann denkt nach

Frau Dr. Ingela Astmann, die jetzt seit fast 6 Jahren Großmutter ist, fragt sich noch heute: „Wenn mein schwedischer Vorfahre eine Puppe von seiner Mutter geerbt hätte, was wäre in den vergangenen Kriegen mit ihr passiert? Wie man das ausrechnet, dass schwedische Truppen nunmehr vor 263 Jahren im preußischen Pommern einmarschierten, ist überhaupt nicht schwer. Wir schreiben das Jahr 2020 und die Schweden kamen 1757. Vielleicht hätte die schwedische Puppe alle Kriege überstanden und wäre von den Nachkommen immer weiter vererbt worden. Aber welche Gefahren für ihre Existenz hätte diese durchmachen müssen?
Elke Doll war in ihrem relativ kurzen Puppendasein bereits so viel passiert. Ich denke nur an das Schiffchen aus Zeitungspapier mit der Druckerschwärze, den Regen, das Eis, die Pfütze, den Vogelschiss, das Papiertaschentuch, den Hund von Herrn Bolle, den Rasenmäher, den Hundekot und Vaters Schere... Aber einen Krieg musste Puppe Elke bis jetzt nicht überstehen. Hoffentlich bleibt das so, damit auch Nora und Jasmin im Frieden aufwachsen können.

Mit der ur-ur-uralten schwedischen Puppe hätte keiner mehr spielen dürfen. Sie wäre nur in einem Spielzeugmuseum vor dem endgültigen Verschleiß sicher gewesen. Aber eine solche Puppe als Familienbesitz gab es ja nicht. Elke Doll brauchte bisher keine dritte Perücke und mit ihren dicken gelben Zöpfen sieht sie immer noch gut aus. Sie soll in kein Museum. Durch die Gebrauchsspuren über die Jahrzehnte sieht die Geburtstagspuppe sogar immer interessanter aus. An ihr hängt bereits viel Lebensgeschichte. Wie lange wird sie wohl noch überdauern?“

Nora und Jasmin wollen zur Eisenbahninsel

Nora und Jasmin reißen Oma Ingela aus ihren Gedanken. „Wir wollen mit Elke zur Eisenbahninsel“, sagen sie fröhlich. Die beiden laufen gern dorthin. Dafür verzichten sie sogar auf das Fernsehen. Die Kinder wollen einen Picknickkorb mitnehmen. Ingela und Angela, Inga und Angelika, Nora und Jasmin wohnen ganz in der Nähe der Eisenbahninsel. Eine Straßenbahnfahrt ist somit nicht mehr nötig. Ingelas Mutti Lehmann ist auch längst keine Triebwagenführerin mehr, sondern die Uroma von Nora. Die Puppe hatten die Kinder bisher noch nie mitnehmen dürfen. Heute erlaubt Ingela das.

Wie werden die Mädchen mit ihr zurückkommen und was werden sie erzählen? Wie wird Elke dann aussehen? Der alte Puppendoktor Dolli von damals hat längst seinen Laden zugemacht. Hoffentlich braucht die alte Puppe nach dem Ausflug keine neue Perücke. Die Praxis von seinem Sohn wird es ja noch geben. Notfalls könnte dieser unserem Pechvogel Elke helfen.

Noras Oma träumt

Frau Dr. Astmann schläft ein. Sie hört die Sirenen. Diese verkünden Fliegeralarm. Schnell will sie mit Nora und Jasmin in den Luftschutzkeller. „Wir bleiben hier", protestieren die Mädchen. „Ohne uns sind die Teddys und Puppen verloren. Elke bleibt auch hier und passt auf", sagt Jasmin. „Ich muss Strafe zahlen, wenn ihr nicht mitkommt, also los", versucht Ingela die Kinder zu überzeugen. Aber das hilft nicht. Elke schreit: „Hunger, Hunger." Dabei knurrt sie wie ein Hund und fletscht ihre Reißzähne. Der Teddy sagt: „Elte tnurre nicht." Jetzt bellt Elke sogar. Der Teddy schneidet ihr den linken Zopf ab. Elke will ihn beißen. Da schiebt der Bär ihr den abgeschnittenen Zopf zwischen die Zähne. Es gibt einen großen Knall. Der Puppe fällt der Kopf ab und der rollt unter den Tisch. Der Plüschbär wirft Elkes Kopf in die volle Badewanne. Diese fährt auf Rädern über die Wolken. Das Wasser schlägt Wellen und schaukelt den Puppenkopf hin und her. Der Schaum, der sich auf den Wellen gebildet hat, ist rot. Dem Teddy wächst direkt unter der Nase ein schwarzer Oberlippenbart. Er reißt die Pfote nach oben und brüllt: „Heil Puppe, heile Puppen, drei Liter Puppen!" Der Kopf spuckt den Zopf aus. Auch der ist jetzt rot. Elke streckt ihre dicke gelbe Zunge mit roten Punkten heraus. Die Sirenen heulen immer noch. Frau Doktor wacht auf. Sie hört die Klingel von der Wohnungstür schrillen.

3 Liter
Puppen

Was ist passiert?

Durch das Klingeln hochgeschreckt, erhebt sich Ingela noch ganz benommen und denkt laut: „In meiner Kindheit hatten wir gar keine Badewanne. Wir mussten uns am Waschbecken waschen. Und wieso sah Elkes Zunge im Traum so ähnlich wie Papas alter Regenschirm aus?“ Oma Ingela öffnet. Sie hält sich die Ohren zu, weil ihre und Angelas Enkeltöchter aufgeregt alles durcheinander erzählen, was ihnen passiert ist. Erst jetzt schaut sie auf Elke Doll. „Nein, nicht schon wieder! Wer hat der Puppe den linken Zopf abgeschnitten?“ „Das war ein ganz böser Junge. Der hat immer Messer und Scheren bei sich und sein Handy. Der Junge hat Jasmin ein Bein gestellt. Sie fiel hin und Elke flog ein Stückchen weiter weg. Der große Junge schnappte sich unsere Puppe. Da holte er die Schere...“, sagt Nora. „Wir haben zum Glück noch einen Puppendoktor. Er ist der Sohn von Dr. Dolli senior und so alt wie ich. Der Doktor praktiziert bestimmt noch in seiner Praxis für Teddys und Puppen am Pferdebrunnen“, tröstet Oma Astmann die Mädchen. „Warum heißt der Brunnen Pferdebrunnen?“, will Nora wissen. „Ach, da gibt es so eine Legende. Ein Reiter kam von weit her. Er hatte sich in der Stadt verirrt. Sein Pferd und er brauchten dringend Wasser. Als sie endlich an dem Brunnen ankamen, fiel das Pferd tot zu Boden. Der Reiter aber trank den Brunnen leer. Als der arme Mann seinem Oheim, Prinz Albrecht der 14., vom Tod seines Pferdes erzählte, ließ dieser ein bronzenes Pferd anfertigen. Er wies an, das

Dr. Dolli

Denkmal auf einen Sockel und mit diesem in den Brunnen zu stellen. Der dankbare Reiter legte immer frische rote Rosen auf den Sockel. Deshalb sieht das Pferd so aus, als ob es lacht."

Sie gehen zu dritt zum Doktor. Der staunt: „Bei meinem Vater im alten Geschäft habe ich früher schon einmal solch eine Puppe mit dicken gelben Zöpfen gesehen. Er hatte diese wieder gut hinbekommen. Ich muss doch mal in Papas uralten Medizinschrank schauen. Vielleicht sind noch altmodische Perücken mit dicken gelben Zöpfen drin. Die braucht ja heute keine Puppe mehr." Dr. Dolli junior geht in den Nebenraum, den er Museumszimmer nennt. Lachend kommt er wieder: „Seht mal, Kinder, hier sind noch eine rote und zwei gelbe Perücken mit dicken Zöpfen. Soll Elke vielleicht rote Haare bekommen?" „Nein, nein, nie und nimmer", schreien die Mädchen durcheinander. Nun hält sich Dr. Dolli die Ohren zu. „War ja nur eine Frage." „Elke Doll soll so bleiben, wie sie ist", sagt Jasmin. „Und Krieg soll sie auch niemals erleben", beeilt sich Nora zu ergänzen. „Ja, Kinder brauchen Teddys, Puppen und Frieden", erklärt Ingela ihrem Kollegen. „Gut, heute schaffe ich die Reparatur nicht mehr. Ich bringe euch morgen die Puppe nach Hause", sagt Dr. Dolli junior. „Das ist doch nicht nötig, Herr Kollege", meint Ingela schmunzelnd. Was er nur vorhat?

Noras Geburtstag

Am nächsten Tag klingelt es. Dr. Dolli und sein Vater stehen vor der Tür. „Alles Gute zum Geburtstag“, sagen sie zu Nora und überreichen ihr die Puppe mit den neuen gelben Zöpfen. Sie werden hineingebeten. Da sitzen auch Uropa Lehmann und Uropa Kleemann mit den beiden Uromas. „Die Bratkartoffeln reichen für alle“, sagt Frau Lehmann. Nora drückt die Puppe an sich. Die sagt: „Hunger, Hunger“ und knurrt mit dem Magen. „Oh, Elkes Stimme ist wieder heil“, jubelt Jasmin. Nora staunt: „Dr. Dolli, wie hast Du die heil bekommen?“ „Ach, das ist Puppen-Arztgeheimnis, es war nicht schwer...“

„Aber die Puppe wird morgen wieder bei Jasmin schlafen“, sagt Uroma Lehmann. Das muss sie den zwei Puppendoktoren erklären. Und sie erzählt von jenem Tag, als sie ihrer Tochter Ingela die Puppe Elke Doll zum Geburtstag schenkte. Dann holt sie das Buch. Sie weiß gar nicht, wie oft sie die Geschichte in ihrem Leben schon vorgelesen hat. Als sie fertig ist, sagt Dr. Dolli senior zu ihr: „Das war ein guter Zufall. Wenn Angela nicht mit ihrer Mutti Kleemann vor meinem alten Geschäft gestanden hätte, wäre diese tolle Freundschaft gar nicht entstanden.

Lass mich!

Die reparierte Puppe besiegelte die Mädchenfreundschaft zwischen Ingela und Angela. Und diese Freundschaft wurde an deren Töchter Inga und Angelika und Enkeltöchter Nora und Jasmin weitergegeben. Dabei hat Puppe Elke doll geholfen. Wenn nur alles so friedlich auf der Welt wäre und alle Menschen teilen würden." „Ja", sagt Doktor Ingela Astmann, „eine Puppe kann für Freundschaft sorgen, aber leider nicht für den Frieden. Das müssen schon die Menschen tun."

Nachwort

Die Jugend hat das letzte Wort

Nora und Jasmin sind bereits Schulkinder. Sie dürfen heute wieder gemeinsam in Jasmins Zimmer schlafen und haben noch gar keine Lust ins Bett zu gehen. Die Mädchen wollen lieber noch ihre vielen Gedanken über das Leben austauschen. Zuerst erzählt Nora ihren Traum.

„Weißt du, Jasmin“, sagt sie, „was ich letzte Nacht geträumt habe?“

„Nein, natürlich nicht, erzähl schon!“

„Im Traum war Puppe Elke beim Puppendoktor Dolli. Sie hatte große Angst. Der Doktor wollte nach ihrer kaputten Stimme sehen. Elke lag am Boden auf einer Decke. Sie war irgendwie gewachsen. Der Arzt hatte einen HNO-Spiegel und einen Spatel. Er kniete sich hin. Dann beugte sich der Doktor über Elke. Unsere Puppe rutschte weg. Sie schrie: ‘Will nicht!’ und er zog an ihrer Lippe. Das sah gefährlich aus. Elke hatte einen ganz großen Mund. Auf dem Boden lag eine Schere und daneben war eine Flasche mit Gift. Die Schere sah aus wie die von dem bösen Jungen von der Eisenbahninsel. Der hat im Traum auch das Gift gebracht.“

„Und weiter?“ Jasmin ist schon ganz gespannt und befürchtet ein böses Ende.

„Weiter ging es nicht. Ich hatte solche Angst um Elke. Da bin ich aufgewacht.“

„Ja, schade“, sagt Jasmin. „Warum gibt es überhaupt böse Menschen?“, will sie nun von Nora wissen.
„Meine Oma sagt immer: ‘Es gibt mehr gute als schlechte Menschen. Die guten müssen stärker werden und besser aufpassen. Das beste Mittel ist Liebe, ganz wichtig die Liebe der Eltern zu ihren Kindern.’ Ich finde das richtig. Wenn man Mutti und Vati lieb hat, dann hat man auch andere lieb. Da lernen die Kinder das.“
Jasmin fällt etwas ein und sie sagt: „Meine Oma Angela hat viel von ihrer Schulzeit erzählt. Da gab es böse Kinder. Die haben ‘Mongo’ zu ihr gesagt, weil sie behindert ist. Und verhauen wurde sie auch noch. Nora, warum ist das so?“
„Da musst du meine Omi fragen. Die hat gesagt, dass manche Menschen böse sind, weil sie selber viel gekränkt wurden.“
„Was ist denn gekränkt?“, will Jasmin nun wissen. „Wenn man beleidigt wird“, sagt Nora.
„Wenn man verspottet wird auch?“, fragt Jasmin.
„Ja, natürlich. Da werden die Menschen oft selber böse. Sie beleidigen dann auch andere. Oder sie schaden anderen. Die haben kein richtiges Selbstbewusstsein. Drum machen sie das. Meine Oma kann dir das erklären.“
„Was ist denn Selbstbewusstsein?“, fragt Jasmin.
„Ich glaube, wenn man sich selbst gut findet“, antwortet Nora, „dann sieht man auch das Gute bei den anderen. Oma sagt, die Menschen müssen Achtung voreinander haben, da fühlen sich alle besser.“

„Und es gäbe bestimmt keine Kriege mehr“, meint nun Jasmin.

„Ja, vielleicht. Oma Ingela sagt, die Menschen dürfen nicht so gierig sein.“

Das versteht Jasmin nicht und sie fragt: „Was ist denn gierig, etwa wenn ich meine Schokolade gierig verschlinge?“

„Nein, nein“, lacht Nora. „Oma meint die Gier nach Macht und Geld. Wegen Macht und Geld streiten sich Menschen. Sie hat das bei Herrn Leid gelesen... Warte mal, so hieß er nicht, er hieß Freud.“

„Du weißt aber viel von deiner Oma. Und was du dir alles merken kannst“, staunt Jasmin.

„Wenn ein Mensch viel Geld nur für sich allein will - und dazu noch Macht über alle, dann ist der Frieden in Gefahr, glaube ich. Ich kann aber noch nicht alles verstehen, was Oma mir erklärt. Manchmal nerve ich sie sogar mit meinen vielen Fragen.“

Jasmin sagt ganz empört: „Das ist wirklich nicht richtig mit der Gier. Alle sind Menschen. Die Erde gehört uns allen!“

Die Geschichte könnte sich zugetragen haben

Die Ereignisse, Handlungen und Personen in der Geschichte sind ausgedacht. Sie beinhaltet aber sehr viele Wahrheiten. Das Down-Syndrom wurde nach dem Arzt John Langdon Down aus London benannt. Er lebte von 1828 bis 1896. Die ältere Bezeichnung „Mongoloide Idiotie“ oder „Mongolismus“ wird nicht mehr verwendet. Sie weist auf Ähnlichkeiten mit den „Rassenmerkmalen“ der „Mongoliden“ (Lid-Achsen-Stellung, Lidfalte) hin. Durch viele neue Erkenntnisse ist der Name für dieses Syndrom nicht mehr zeitgemäß und wirkt sogar diskriminierend. Auch für Kinder mit dem schwersten Grad der Intelligenz-Schädigung (ältere Bezeichnung Idiotie) sind heute viele Fördermöglichkeiten entwickelt worden. Das Wort Idiot sollte für einen Behinderten nicht mehr verwendet werden.

Mitgefühl für andere Menschen ist wichtig. Das gehört einfach zu einem glücklichen Leben dazu. Gelungene Beziehungen machen auch glücklich.

Diese Erfahrung trifft ebenso auf die ausgedachte Geschichte über die Freundschaft der beiden Kinder zu. Freude entsteht nicht nur durch persönlichen Besitz, sondern auch durch Schenken und Teilen. Ingela verschenkt ihre Geburtstagspuppe an Angela. Die Mädchen lieben das Puppenkind aber gleich stark. Deshalb teilen sie sich dieses. Sie haben mit Hilfe ihrer Eltern also einen Kompromiss gefunden. Dieser macht beide glücklich. Wäre das nicht so, hätte sich eins von den Kindern sehr unglücklich gefühlt. Besser ist es im Leben, wenn alle etwas dazugewinnen können.

Inhaltsverzeichnis

Vorwort 5

Was hinter der Geschichte steckt 5

Was die Kinderärztin über das Down-Syndrom erklärt 9

Ein besonderer Tag beginnt 12

Der Ausflug mit Elke Doll 17

Mit Elke Doll in der Kindereisenbahn 23

Mit Elke Doll hinter dem Miethaus 26

Elke Doll wird abgeholt 32

Durch Elke beginnt eine Freundschaft 34

Auf dem Weg nach Hause 38

Das Abendessen bei Familie Lehmann 41

Was mit Puppe Elke geschah 43

Frau Dr. Ingela Astmann denkt nach 45

Nora und Jasmin wollen zur Eisenbahninsel 47

Noras Oma träumt 48

Was ist passiert? 50

61

Noras Geburtstag 54

Nachwort 57

Die Jugend hat das letzte Wort 57

Die Geschichte könnte sich zugetragen haben 60

Inhaltsverzeichnis 61